小財商大視野

孩子自主的理財經濟學

編著：李雪熒、謝燕舞

跨版生活

目錄

IV.國家經濟：瞬息萬變的經濟走勢

V.全球視野：國際政經巨大的影響力

1

個人消費
謹慎消費之道

朋友向我借錢，怎麼辦？

小強向丁丁借錢，丁丁自己的零用錢剛好夠這個月使用，但小強是他的好朋友，**他覺得應該幫助朋友**，但借了錢給他，自己就不夠用，令他感到為難。丁丁應該怎樣做呢？

相信很多人都曾經像丁丁一樣左右做人難，自己的零用錢不多，甚至跟朋友一樣沒有錢，但是基於朋友的立場，似乎又應該幫助對方。**到底應該借錢給他，還是不借？**

在日常生活中，難免遇上朋友跟自己開口借錢的事。如果對方跟你是非常熟悉的，且是個 **有信用的人✓**，所借的款項不多，而自己又有能力幫助他，借錢給他也不是問題。可是，我們總有一些原因不想借錢給對方，這時要**巧妙地拒絕他** 才能避免因借錢不成而影響友誼。

如果自己實在無能力幫助對方，最好的方法就是 坦誠地告訴對方 ，直接拒絕他，對方聽到後**一定會理解** 😊 。如果朋友經常向你借錢，令你感到困擾，那麼最好的方法就是在對方開口借錢前，**先將自己的「經濟狀況」露底**，讓對方知道你自己也缺錢，也可避免令他覺得你是在找藉口。

對於一些慣性地向你借錢的朋友，你可以採取**「拖」字訣**，即當他提出借錢的要求時，你一邊表示很樂意幫助他，一邊告訴對方基於某些原因，希望對方**等一等** 🕐 ，才能答覆他。如果對方真的急需用錢，但又等不及，就可能要另想辦法。

最後，對於那些經常**借錢卻不還錢、沒有信用的人** ☹️，根本無需跟他們講朋友道義，只需「以其人之道還治其人之身」，不妨 編一個理由 來拒絕他，例如你現在也沒有錢、反問他可否借錢給你等等。

丁丁最後決定不借錢給小強。

小智識：借據應該包括甚麼內容？

　　很多人因借錢或追收欠款而跟親朋好友反目，傷了感情，最後可能落得 **人財兩空** 。向人借錢或借錢給人時，無論對方跟你如何熟悉，若是大筆的款項，為了 🔒**保障雙方的利益**，最好立下 **借據** ，以作憑證。借據應該包括以下內容：

* 借錢雙方的 **個人資料** ，包括姓名、身份證號碼；

* 借錢的日期、所借款額、**議定的還款期** 、議定的利息（如有）；

* 借錢人在借據上 **簽名** ，如果可以的話，最好有 **見證人** 簽名。

看到地上有一毫子，應該拾起來嗎？

　　小苑不小心把一毫子掉到地上，爸爸叫她拾起來，可是小苑說：「只是一毫子，不要緊吧！」**爸爸堅持要她拾起來**。我們看到地上有一毫子，應該把它拾起來嗎？

　　不要小看一毫子是個小數目，也買不到任何東西，但是一毫子仍然有一毫子的價值。

　　香港首富李嘉誠雖然 **身家豐厚**，但是當他看到地上有一個一元硬幣時，他還是彎腰把它拾起來。有一次，李嘉誠看到地上有一個 **一元硬幣**，打算把它拾起來時，一個酒店保安人員幫他拾起來。李嘉誠跟他道謝後，就從錢包裏掏出一張 **一百元紙幣**，交給

那位保安人員，同時又把那個一元硬幣給了他。有人問李嘉誠為甚麼區區一個一元硬幣會讓他親自去撿？李嘉誠認為，彎腰拾錢是因為他 **尊重** 錢，不能浪費金錢。所以，他曾說：「在我個人來說，跌了一元兩元，**我一定拾回** 。」

一元是錢，一毫子也是錢，我們都要尊重。一毫子的價值雖小，但 **積少能成多** 。中國古代有兩個來自安徽的商人也深明一文錢的價值。他們打算到蘇州做生意，可是最後把錢財 **揮霍** 掉，並淪為乞丐。二人悔不當初，其中一人說：「想當初我們身家豐厚，現在只剩下一文錢。一文錢有甚麼用？把它扔掉罷。」另一個人馬上阻止他，說：「**這一文錢交給我吧，我自有辦法。** 」說完就跑出去了。

原來他出去找了一些竹片、草莖、廢紙、雞鴨毛等，**並用一文錢買了一些** 麵粉 。他把麵粉調成糊狀，然後用草莖纏在竹片上，用紙蒙好後黏上雞鴨毛，做出了一隻禽鳥紙玩具來。

他們做了很多**紙玩具**，第二天拿到廟外賣，人們見到這些栩栩如生的紙玩具都爭相購買，很快就賣完了，他們還賺了**五百多文錢** 。後來，他們用這筆小錢做生意，兩年後開了一間名為「一文錢」的店。

小苑明白，**小錢可以致富**啊！她以後不會再浪費金錢了。

小智識：慳儉成性的富豪

很多人以為富豪有很多錢，可以過着奢華的生活。其實**大部分富豪都非常慳儉** 🤝$。譬如曾在《福布斯》全球富豪榜排名第7位的宜家傢俬的創辦人英華．琴帕（Ingvar Kamprad）就生活得非常儉樸。據說，英華．琴帕全屋傢俬都是**自家公司的產品** 🛋️，還自己動手安裝。他的座駕用了15年，**坐飛機** ✈️ 會乘坐廉價航空，他平日還喜歡與妻子到**超級市場格價** 🛒 呢。

為甚麼名牌物品那麼貴？

表姐買了一個新手袋，她告訴泳雯這個手袋是名牌的 🛍️，價值6千元。雯雯聽到後，嚇了一跳。為甚麼名牌物品那麼貴？

所謂一分錢，一分貨，我們消費或購買物品，它的價值其實跟**物品的質素**🔍 有很大的關係，價格在一定程度上反映物品的質素。

名牌物品的價格較高，也是一樣道理的。名牌物品之所以比較貴，除了因為所用的物料、手工、設計**較優良**👍 外，還因為**生產數量較少**。所謂「物以罕為貴」，人們希望自己與眾不同，於是不惜花費金錢，爭相購買。

此外，名牌物品的品質又的確比沒有品牌的物品優勝。名牌物品通常都有**售後保障**✓，如果質量出了問題，為了保障品牌，他們通常都**樂意跟進**☺和處理。如果大家把名牌背囊和沒有牌子的背囊作一比較，會發現兩者所使用的物料、設計、製作等有很大的差別，**優劣馬上就能看出來**。

生產和製造名牌物品的公司通常都有**悠久的歷史**📜，它們的品牌和口碑是經得起時間考驗的。它們**致力研究新物料**，以提高產品的質素，而研究和開發出來的技術通常都能取得**專利權**，例如：Louis Vuitton公司的創辦人Gaston Vuitton於1959年第一次使用在棉布上塗抹產品的配方來製造**人造革**，這間公司即擁有了這項專利。他們為了保護品牌，防止偽冒產品，也研發了一項**專利壓製技術**，令品牌的字母擁有獨特的折光性。由於產品採用了

多項專利技術，令**製造成本大增**↑，價格自然較貴。不過，消費者反而可以放心購買產品，**無需擔心被騙了**✓。

雯雯想：名牌物品真是貴得有道理啊！

小智識：名牌與名人效應

名牌物品的價錢通常都包含了公司的**廣告宣傳費用**$。最常見的是，一些著名的品牌會在每年兩季的時裝發佈會上花掉很多錢，他們會請來一些名人、明星等，穿着為其設計的品牌服飾。這些時裝發佈會展示的服裝，很少會在 時裝店 發售。那麼，他們為甚麼要花費那麼多錢去製作一件晚裝，只供某明星在公開場合穿一次呢？當然是為了給品牌造聲勢及宣傳！**名人效應** 對名牌的宣傳是很重要的。

商場的免費停車優惠真是免費的嗎？

　　蕭蕭與爸爸去商場購物。蕭蕭說：「爸爸，我們為甚麼不開車來呢？」爸爸說：「因為開車停泊比較麻煩。」蕭蕭：「不是有商場免費停車處嗎？」爸爸：「**說是免費，其實並不是免費的。**」

　　許多繁華的城市中心區域，一般都會有很多家大型商場如香港的又一城、APM等，商家明白「**寸金尺土**」的道理，商場的每個角落都會出租給商戶。而商場的停車場更是一筆**不小的收入**，照理說，「免費」停車對於商家來說應該是浪費賺錢機會，**精明的商家**自然不會做出這樣的傻事。

那麼停車場免費豈不**蝕本**嗎？一些商家認為，停車收費會影響大型商場的**生意額**，雖然這本是一筆可觀的收入，但是如果開放了免費停車優惠，卻會帶來更大的利益。因為針對消費者**愛貪便宜的心理**，商場若慣性收費停車，意味着消費者會望而卻步，在**無形中會流失一些客源**。

曾有調查顯示，相反當商場開放了免費停車後，**營業額竟超過收費停車的30%！**所以商家為了賺取更大的利潤，在宣傳和服務上下功夫，使免費停車成為吸引客流及**擴大消費意欲**的一個手段。例如當消費者在指定商場內消費達到一定金額時，便可獲得一或兩小時的**免費泊車優惠**。兩小時的優惠大多只是30至50元的小小優惠，若以購物滿300元來計算，只不過是9折至85折罷了。但是因為客源增多，及顧客多數會因為這個優惠而**買多了東西**，變相大大刺激了消費市場。

　　商場免費泊車只是商家促銷的一種精明的手段，消費越高，得到的停車時間也就越多。更有商家發出**會員卡**，只要當月消費累計達到規定分數以上，就可享受商場當月或次月的免費停車時間。這就是大型商場免費停車發展趨勢的主因，也是**市場競爭**的一個重要手段。

　　蕭蕭聽了爸爸的解說後，明白了原來商場免費泊車的真正意義是為了增加消費的客流量啊！

小智識：曼谷的「建築停車法」

曼谷有一條「建築停車法」規定：凡是修建超過300平方米的建築物都必須同時修建**停車場**或停車位，否則不批准施工。「停車法」對公共**影院**、商場、飯店、**醫院**、學校、工廠、機關、住宅小區、展覽館甚至倉庫都做了具體規定，對不同的對象有不同的要求。例如，對電影院，每10個座位必須有1個停車位；商場每20平方米必須有1個車位。從此例就可以想像到，商場的免費停車優惠對**促進消費**是多麼的重要，而消費與停車的需要又有多大的關係了。

$0機價即是送手機給我用嗎？

小芸放學與同學一起去商場，走到商場前，同學說多邀請幾個同學更好玩。由於沒有手機，她們只好到商場客戶服務借用電話通知同學到來。小芸這時候想起電訊公司「$0機價」出手機的廣告，她想：要是電訊公司免費送手機給我用多方便啊！

許多電訊公司都宣傳有「$0機價」的優惠，可這是怎麼回事呢？其實這是**宣傳技巧**，也是吸引客戶長期用他們公司服務的手段。如果你想用智能手機，反正要配合

網絡商的數據服務，才能充分用盡手機的功能，買機兼上台，機價會便宜些。所謂$0機價出手機，通常是伴隨着一張上台合約，即以$0機價出手機者必須與該電訊公司簽一份長期使用該公司網絡的用戶合約，這合約通常是24個月(即兩年)。此外，出手機者還需一次過預繳手機的全部價值，之後電訊公司再攤分24個月把這筆預繳款項退還給出手機者(從每月的電訊台費中扣除)。

例如：手機原價值$1,500，電訊公司分24個月攤還，即每月退回$62.5，直至兩年後才完全退回這筆錢。所以，$0機價出手機是否值得，真的要小心判斷了！

小芸覺得「$0機價」的優惠真要用放大鏡看清楚！

小智識：手機一定比固網電話更方便好用嗎？

手機也有美中不足的地方。如：當我們到**郊外遠足**旅遊的時候，進入荒蕪的山區的時候，或者在高度封閉的室內地方，就會**阻礙了手機信號的接收**。此外，手機對人體的**輻射危害**亦可能是高於固網電話的。

小智識：手機是誰發明的？

手機是美國人馬丁・庫帕(Martin Cooper)發明的。當時，庫帕是美國著名的摩托羅拉公司的工程技術人員。1973年4月，馬丁・庫帕在**紐約街頭**拿出他發明的足有兩塊磚頭大的**無線電話**，打給他在實驗室工作的同事。從1973年手機註冊專利，一直到1985年，才誕生出第一台真正**可以移動的電話**。

買樓是負債還是投資？

　　小健聽到爸爸和媽媽為買樓的事而發生爭執，爸爸認為買樓是一種投資，媽媽認為買樓是一種負債。**究竟買樓是投資還是負債呢？**

　　買樓究竟是一種投資，還是負債，通常受買樓人士的經濟狀況、買樓的目的等因素影響。

　　如果小健的父母是首次置業人士，買樓的目的是**自住**，家庭經濟狀況為中上，需要向銀行申請按揭**借錢**買樓。由於他們買樓需要向銀行借錢，每月要按合約規定**還錢給銀行**，那麼買樓事實上是一種負債。就像《窮爸爸，富爸爸》的作者羅伯特·T·清崎在

書中指出：「負債是把錢從你口袋裏取走的東西」，它實際上是一種支出。不過，從另一方面來說，他們買入的物業會**按年增值**，當他們在特定的年期內（如15年、25年等）償還了銀行的貸款，物業即**完全屬於他們**，他們可以因應需要或市場價值而把物業出售，賺取利潤。從這一點來看，買樓是一種**長線投資**。

如果小健的父母本身已有自住物業，因手頭資金充裕而欲透過買樓**投資**，讓財富增值，那麼買樓對他們來說是一種投資。有些人買樓作長線**收租**之用，希望從租金賺取穩定的收入。有些人以**低價買入**一個單位，當樓市興旺、樓價上升時，把單位出售，從中賺取**差價**。這種投機式的買樓投資，就是人們常說的「**炒樓**」。

買樓投資也有風險，例如會受**政府**的政策取向影響、買樓投資的變現能力較低、投資者的大量的資金會

被鎖住🔒不能隨意使用等等。即使是收租回報，也有一定的風險，如**空置**期間的成本（包括管理費、差餉）、樓宇老化和維修保養的成本，萬一遇上「租霸」，隨時賠了夫人又折兵。

小健明白了一個道理，不同的人對同一件事會有**不同的看法**💭，他希望爸爸媽媽最終會達成共識。

小智識：甚麼是負資產？

負資產 $ (Negative Equity) 指物業的市價低於用來購買物業的借款（即樓宇按揭），通常發生在經濟衰退、物業價格普遍下跌的時期。向銀行借錢的人**無法清還** 購買物業所用的款項，銀行（即貸款人）即使把物業**沒收**或者是轉賣，也未能填補差價。買樓的人（即借款人）不但會**失去物業**，而且還欠銀行錢。英國在1991年至1996年、香港在1998年至2003年經濟衰退期間曾出現大量負資產的情況。當時失業率上升，樓價下跌，許多物業價值低於欠款，導致銀行**或香港房屋協會** H 沒收了這些物業。

11

公司營運
賺錢的有效途徑

非牟利公司是否不能賺錢？

周末，小敏與家人走在街上，看見很多人捐款後會得到一張**精美的貼紙**，就問：「媽媽，他們為甚麼要人捐款？他們沒有錢嗎？」媽媽笑答：「他們是一些**慈善機構和志願團體**，這些團體賺取的錢很少，所以向政府申請募捐。」

甚麼是非牟利公司呢？非營利組織或非牟利機構（Non-Profit Organization，簡稱NPO, NGO）在**全球的興起**始於20世紀80年代。非營利組織在不同國家和地區有不同的稱謂。香港譯為「非牟利組織」，它包括了**基金會**$、慈善信託、非牟利公司等。

非牟利公司搞活動可以收費嗎？這些組織主要以**教育**、藝術、慈善、**宗教†**、環保、衛生、**科學**、社會福利及其他福利的形式為大眾服務，它們可以有象徵性的收費，但其水平**應低於市場價格很多**。而所賺到的錢或籌集來的款項是不可以用於分紅的，只能用來推動其服務宗旨。例如香港的十大藝術機構，包括香港管弦樂團、城市當代舞蹈團、進念二十面體等就是由**政府田**資助的非牟利機構，它們賣門票所得的錢就**必須用於機構發展及服務**等方面。

非牟利公司中又有一種較為高級的團體叫做「慈善團體」，如仁濟醫院、**東華三院** 就是了。這些團體的宗旨是為社會公眾作貢獻，並**不以賺錢為目的**。這個不賺錢組織的財務主要是政府資助，還可以申請**公開籌款**，以及用一些大公司捐獻的款項來運作。周末的

時候，我們在公共場所見到學生以 **賣旗** 或獎券的形式募捐，就是這類社會服務團體的 **義工** 在幫助籌款了。

　　其他國家的非牟利組織運作方式也和香港一樣嗎？在西方，如 **英國**，非牟利組織很少被視為一個獨立類型。所有善心組織都必須向慈善機構委員會（Charity Commission）登記為慈善機構（charity）。在 **美國** 被歸類為非營利組織的其他團體，例如 **職業團體**（trade union），分別受到不同法規的規範。**中國** 內地由於政治體制等方面的原因，目前尚沒有典型的如西方的非牟利組織。許多國外的 **跨國非營利組織** 在發展中國業務的同時，也只能選擇註冊為營利公司，或掛靠某個政府部門。

　　小敏明白了，原來非牟利機構是靠募捐維持工作的，而且都要服務社會才行。

小智識：誰會給贊助和資助非牟利機構？要回報的嗎？

非牟利機構**長期募捐幫助社會** ，有時甚至比政府更能直接幫助那些遭受不幸的人。這些機構不以牟利來賺錢，那麼機構要運作，**錢是哪裏來的呢？**美國鋼鐵大王卡內基曾經說過：「把財產留給子女，就是毀滅子女的才華與能力，而且是在誘惑他們過沒有意義和價值的人生。」因此，卡內基把**90%的金錢** 都用在了回饋社會或捐給醫療、教育或文化機構。在香港也有卡內基這樣的人捐款資助這些機構，看過往年 電視 直播的「歡樂滿東華」及「慈善星輝仁濟夜」嗎？一些富豪會在這晚**一下子捐出幾百萬呢！**非牟利機構不但有很多人士資助，還有很多企業以及政府給予的捐助，而這些捐助的人與部門都是**不要求任何回報** 的。

甚麼是註冊商標與專利？

　　小明的爸爸開了一家食品公司，可近來有別的公司製造的食品也貼上了爸爸公司的**商標®**。爸爸為了保護自己公司的商標專利，打算用**法律** 解決這件侵權事件。誰知一查，商標居然過了期限！

　　商標的作用是甚麼呢？逛超級市場的時候，有沒有注意到貨架上的所有生活必需品上都有商標標記貼在上面呢？由於這些獨特的標記顯示了商品或服務的**特性與質量**，因此具重要的象徵意義。如從許多常見的商品上，我們都可以發現「商標使用許可協定」，如美國的「**可口可樂**」或法國的「皮爾卡丹」等。

我們來了解一下甚麼是商標吧！商標是一種可以包括文字圖形、字母、數字、三維和顏色組合的標誌。在申請商標註冊的時候，商標的標識應該具有**顯著的特徵**，讓消費者易於分辨同類產品。在經過政府有關部門**審核 ✓**後同意註冊，就叫「**註冊商標®**」了。註冊的商標在規定期限內是受**法律保護📕**的。如商標註冊後保護時限為**10年📅**，若10年後不延長時限，那麼別人就可以註冊與你相同的商標符號了。當然註冊商標是沒有次數限定的，並要**繳付一定的費用💵**。

另外，有的名稱與標誌是不可以作為商標使用的，如：國家名稱、**紅十字✚**或政府名稱等；**國旗**、軍旗、勳章相同或者近似的；以及同中央國家機關所在地、特定地點的名稱或者**標誌性建築物**的名稱；帶有民族歧視性或者欺騙性的等等，均不得作為商標使用。

　　註冊商標也有它的弱點，例如一個企業多年來使用一個屬於自己的商標，而這個商標從未註冊，那麼只要別人將這個商標搶先申請註冊，**商標的專用權就屬於別人了** ®➡👤，而這個企業就不能再使用這個商標了，這些例子在商界有很多。曾有中國內地某公司註冊了香港的G2000，然後反過來告G2000**侵權**討賠償，就是因為G2000並沒有在內地註冊其商標，從而被**乘虛而入**的案例。

　　那麼甚麼是專利呢？一項發明在哪個國家獲得專利，就在哪個國家受到法律保護，**別國則不予保護**✋。申請專利可以保護自己的**發明成果**💡，防止科研成果流失，同時也**有利於科技進步**和經濟發展。人們可以通過申請專利的方式佔據新技術及其產品的市場空間，獲得相應的經濟利益。期限屆滿若不續申請或專利權中途喪失，那麼任何人都可以使用了。

　　小明了解了一個商標居然有這麼重要。過了期限的商標就不受法律保護了。

小智識：哪些情形不能獲得專利權？

1. 科學發現，如發現新星、牛頓**萬有引力**定律。

2. 智力活動的規則和方法，如新**棋種**的玩法。

3. 疾病的診斷和**治療**方法。

4. 動物和**植物**品種，但產品的生產方法可以授予專利權，如中國有專門的動植物品種保護條例。

5. 用原子核變換方法獲得的物質。

   註：另外對違反國家法律、社會公德、**妨害公共利益**或者違背科學規律的發明創造，如永動機、吸毒工具等也不能獲得專利權。

發行八達通卡的公司怎樣賺錢？

小強的一天，總少不了使用 **八達通卡** ，例如乘巴士上學和回家、在便利店買早餐和零食，實在非常方便。究竟發行八達通卡的公司怎樣賺錢呢？

八達通卡自1997年9月1日面世至今，使用範圍不斷擴大，除了 **公共運輸工具** 外，各種商店、超級市場、食肆、停車場等也可以使用八達通卡。而且，**增值+**⑤ 方法也非常方便，因而令八達通卡的發行量不斷上升。

八達通卡為我們的日常生活帶來極大的 **方便**，別小看它是一張小小的卡，它能為八達通公司帶來**巨額收入**！總的來說，發行八達通卡的公司可以透過幾種方式賺錢。

我們要使用八達通卡，需要先付50元 **按金**，假設該公司已發行了一千多萬張的八達通卡，即表示該公司有超過6億元的資金。它可以用這筆資金進行投資，包括 **技術開發** 及投資於股票等，並從中得到可觀的回報。

此外，我們在商店用八達通進行交易時，例如小強在 **便利店** 買了一個6元的麵包，八達通公司不會即時把錢過數至便利店的，通常是八達通公司與便利店協議在指定日期以指定數額 **過數**。款項過數期越長，八達通公司就有越多資金，可以用這筆款項再作投資，從中獲利賺錢。

另外，八達通卡公司會按每宗交易收取費用，商店租用**讀卡機**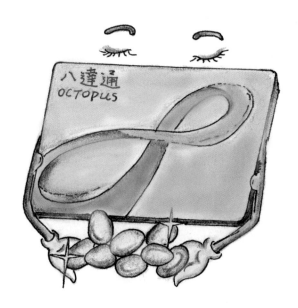也要收取費用。還有，八達通卡公司除了發行一般的八達通卡外，還會發行一些特別版的八達通，如**手錶八達通**、限量版八達通卡等，從中賺錢。

最後，八達通公司可以向外地輸出八達通的技術，例如跟深圳地鐵、**荷蘭鐵路局**等合作，這些業務的生意額都是數以億元計的。

小強知道了，原來八達通卡是一門非常賺錢的生意。

小智識：用八達通卡節省交通費

相信大部分小朋友的父母都會使用八達通卡乘搭港鐵、巴士等，精明的小朋友要提醒父母留意上班地點和居所附近有沒有港鐵**特惠站**，乘搭港鐵前，先去特惠站拍卡，並在**指定的鐵路站入閘**，就可以節省1-2元車費。例如由將軍澳往中環，可在將軍澳尚德商場拍卡，然後在將軍澳站入閘，在中環站出閘，這樣就可以節省2元。中環至半山自動扶手電梯系統也設有港鐵特惠站，在這裏拍一拍卡，並在上環站、中環站或香港站入閘，返回將軍澳也可以節省2元。這樣一天就節省了4元交通費。大家可以瀏覽港鐵的網頁：www.mtr.com.hk，看看哪裏設有港鐵特惠站。除了港鐵外，九巴某些巴士也設有八達通 **轉乘優惠**，小朋友可瀏覽九巴的網頁：www.kmb.com.hk，以獲得更多資料。

沒有本錢可以做生意嗎？

　　小玲問：「媽媽，我沒有本錢可以做生意嗎？」媽媽笑答：「很多成功富豪都是從零起家的。」

　　社會上想改變自己處境的人很多，但是很少人具備清晰明確的目標，並為之奮鬥。那麼沒有錢如何創業呢？

　　創業首先不是錢的問題，而應是使命與**目標**◎。如果人生沒有目標與使命，那麼做的事情又會有甚麼意義和價值呢？成功，在一開始僅僅是一種**選擇**，你選擇甚麼樣的目標，就會有甚麼樣的人生，如香港富豪李嘉誠在年輕時候就有 **創業的目標** ，他善於觀察與**分析市場** ，並用很少的錢投資塑膠生意得到了豐厚的回報，再用這些錢投資在其他行業，最終成為香港 **首富** 。

發現與思考也可以帶來財富。創業不是錢，而是**戰略與發現**。很多成功者，他們在沒有本錢的情況下，善於**思考發現**，往往掘得**第一桶金**。例如，位於南半球的巴西里約熱內盧**酷熱正酣**時，氣溫高過攝氏40度，因此一般男士都愛穿**短褲**。由於政府大樓絕不允許任何人穿短褲進出，於是就有聰明人在政府大樓前開辦了出租長褲的業務，生意非常**火紅**。又例如在內地*寒冷*冬天裏，常因**煤氣中毒**而死很多人。一位善於發現、思考的人用了很少的幾百元錢，改造了「電熱塗料」取暖，從而得到了他的第一桶金，後來成為一個有錢的人。

所以說沒有本錢的人，只要有一個**好的創意**便能空手套白狼，四兩搏千斤。一個好的創意會令你的事業獨闢蹊徑，走向成功。

小玲想，我一定也要有個清晰的目標去實現自己的理想！

小智識：網上商店是怎樣經營的？

電腦的普及、互聯網的出現，使**網上購物**相應誕生。在網上開店前首先要申請一個域名，這個域名就相當於大街上的門面店，域名有的免費，也有收費的，但是收費比較低。然後你可用**數碼相機**把產品拍成照片，傳到電腦上，將圖片配上**文字介紹**，說明產品的外觀或功能等，就可以讓網民選購。

網上開店也有很多要注意的問題，如產品的**價位要合理**，產品圖文介紹要讓顧客**一目了然**，要讓人感到物有所值，最好能有**物超所值**的感覺。此外，最重要的就是信任的問題，由於網絡是**虛擬的世界**，容易讓人產生不信任的心理，所以網上開店一定要寫上店主的電話、詳細的通訊地址以及銀行帳號和真實的姓名。在網上買賣貨品之所以便宜，是因為你**不需交稅**，賣方也省去了租店鋪等的開支。

誰是代理人或代理公司？

小鐘家的房子要出租，媽媽說：「不要找地產代理，以免麻煩。」爸爸說：「**找代理好辦事**👍，不會有甚麼麻煩。」小鐘說：「爸爸、媽媽，甚麼是代理？」

所謂「代理」，就是指「**在中間起媒介作用**👥」的。代理活動的基本特徵是「居間」，代理人的任務是為委託公司找到**合作者**👤，扮演傳遞信息和臨時協調的角色，而不是甲、乙任何一方的實質合作夥伴，也不是買、賣者角色。而主要履行**代理活動**的組織就是代理機構了。

那麼，代理活動是怎樣進行的呢？一般來說，代理人被稱為「自然人」或「法人」，他們會「居間」幫助甲、乙雙方**達成協議**🤝、契約及合同，而在**代理的過程**中，代理人要與委託方（甲、乙方或雙方）簽約、發布和**傳遞信息**、尋找委託合作者、協調甲、乙方**簽約**✏、幫

助完成簽約和追索等，並從中獲得 **報酬** 💰。例如現在許多 **地盤** 判頭就是如此賺「代理」錢的了。

而代理人也可稱為「**中介人** 👤」（middle man）或經紀人（broker），這一職業無論在中國還是在外國自古就有，並且隨着 **市場經濟** 🌐$ 的發展而壯大。由中間人或經紀人組織的公司就可稱為代理機構或代理公司了。

代理公司有自己的產品及品牌嗎？代理（agency）只是一種以向客戶提供中間代理服務的機構，它本身並 **不能直接** ⚠ 提供相應的服務和物品，但是它能夠替客戶 **尋找並安排** 🔍 這些服務和物品。例如，屋主將房屋資料及 **鎖匙** 🔑 放在房地產代理處，租客在租屋的時候，代理便會為屋主與租客雙方提供服務了。也就是說，只有本身通過居間服務活動來為雙方當事人提供某種 **非生產式服務** 的才屬於代理、代理活動和代理組織。

小鐘知道了生活中原來還有代理這個職業與公司類別呢！

小智識：如何預防「黑代理」？

消費者應**提高警惕**⚠️，盡量避免與「黑代理」交易。其一，消費者應作必要的市場調查，選擇**合法的**☑代理；其二，「黑代理」往往以優惠條件做誘餌，消費者**不要因貪圖小利**💲而上當受騙；例如：有個別房屋代理將房屋價格**壓到一個很低價格**，並說服租客將房租下，當租客簽約使用房屋後，發現房屋的各種問題，就明白價格低的真正原因。其三，「黑代理」往往做出很多**不切實際**的**承諾**，消費者一定要仔細判斷，一旦發現破綻，應立即終止交易。同時，要注意搜集該代理機構的基本情況，其公開的宣傳材料、廣告，與其進行交易的*收據*等要保留。這樣不論是通過民事調解，還是通過行政申訴，或者通過司法程序，充分的證據將是**根本保障**🔒。

城市運作
經濟與生活的關係

廢物也可以換錢嗎？

威威的祖母常常收集紙皮、舊報紙等垃圾，祖母說：「別小看這些垃圾啊，它們能換錢呢！」廢物真的可以換錢嗎？

當然不是所有廢棄物品都可以換錢，通常一些**可循環再造的廢物** ♻，如廢紙、紙皮、舊報紙、膠樽、塑膠製品，還有一些**金屬品**，如廢銅鐵、鋁罐等，都可以換錢。

人們只需把這些廢物賣給 **廢品回收商** 🗑，回收商就會按 $市場價格$（通常以每公斤計算）給予相應的款額。

以廢紙為例，由於紙張供應緊張，廢紙的回收價格**不斷上升**。廢紙的回收價格在90年代初曾漲至每公噸1,000元，但近年由於**受經濟環境影響**，加上廢紙依賴中國出口，而中國逐步減少進口廢紙配額，令廢紙回收**價格回落**，自2019年6月，廢紙由每公噸900元減至600至800元。

但廢紙仍然有價，是由於供應緊張、**通脹加劇**，製造紙張的原材料、生產成本，以及**運輸費用**等不斷增加，一般影印及打印用的A4紙都已**加價**。所以，我們除了要**珍惜用紙**之外，也不要小看一張小小的廢紙啊，據説一些拾荒者甚至為了廢紙而大打出手呢！

小朋友，下次用完一張紙時，先不要急於丟到垃圾桶裏，不妨放進**廢紙回收箱**，或在家中一角儲存這些廢紙，等積累了一定數量後，可以賣給廢紙回收商。雖然所得的錢不算多，但至少可以**為環保出一分力**啊！

原來廢物不但有 **不同的用途** ，還很有價值。威威決定以後要小心使用每一張白紙，同時跟祖母一起設置一個家中廢紙回收箱，做個 **環保小戰士**。

小智識：塑膠垃圾有甚麼用途？

　　膠樽及**廢車胎** 等塑膠垃圾是屬於不能自然分解的廢物，收集之後通常會被送到**堆填區** 。不過，透過**先進的科技** ，可以令塑膠物料循環再用，成為兒童遊樂場的膠墊、運動場地板等；一些塑膠廢料可製成環保膠木，用來製涼亭 、座椅、垃圾桶及行人通道上蓋等。

　　香港科技大學土木工程學系教授李建民利用舊車胎發明了一種**新的建築物料**。他把廢車胎打碎成膠粒，然後加入添加劑，製成橡膠土。這些橡膠土可製成**磚塊** ，用來修築公路及鞏固斜坡。

100元港幣可以換 多少美元和人民幣？

　　美儀的爸爸媽媽打算暑假帶她去內地探望外公外婆，然後飛往美國探望爺爺，她聽到媽媽說要趕在暑假前到銀行換錢。究竟100元港幣可以兌換多少美元和人民幣呢？

　　不同的國家和地區使用不同的 **流通貨幣** ，而各國和地區的貨幣 **價值也不相同**。

　　當人們因為經商、旅遊、留學等需要交換兩種不同價值的貨幣時，就必須參考當時的「**匯率**」來兌換所需的貨幣。

　　假設人們以同一數額的港元兌換同一種貨幣，如美元和人民幣，昨天換到的數額跟今天換到的是不一樣的，這是因為昨天和今天的匯率不同了。大家要記住一個觀念，就是 **匯率是每分每秒都在變動** 的。

以2020年1月21日和1月22日為例，1月21日港元兑美元  的匯率是7.773，表示每1美元相等於7.773港元；而在1月22日港元兑美元的匯率是7.7729，表示每1美元相等於7.7729港元。那麼，在1月21日以100港元可以換到12.8650美元；1月22日則可以換到12.8652美元。

至於港元兑人民幣，2020年1月21日的匯率是87.54，表示每87.54人民幣相等於100港元；而在1月22日的港元兑人民幣的匯率是87.52，表示每87.52人民幣相等於100港元。換句話說，在1月21日以100港元可以換到87.54人民幣；1月22日則可以換到87.52人民幣(註)。

大家會發現，同一數額的港幣在**不同的日子** 兑換美元和人民幣，是可以**換到不同的數額**，因為這兩天的匯率發生了變化啊！

美儀終於明白媽媽為甚麼要趕在暑假前到銀行換錢了！

註：匯率參考自Yahoo!財經2020年1月21日及22日之匯率。

小智識：美元和人民幣紙幣上的人像是誰？

美元1元鈔票上印的是美國第一任總統喬治・華盛頓 (George Washington)，他從1789年到1797年擔任美國總統。2元鈔票上的是第三任總統托馬斯・傑斐遜（Thomas Jefferson），他的任期為1801年至1809年。5元鈔票上的是第十六任總統亞伯拉罕・林肯 (Abraham Lincoln)，任期為1861至1865年。10元鈔票上的是美國第一任財政部長亞歷山大・漢密爾頓 (Alexander Hamilton)。20元鈔票上的是美國第七任總統安德魯・傑克遜(Andrew Jackson)，任期為1829年至1837年。50元鈔票上的是第十八任美國總統尤里西斯・格蘭特（Grant Ulysses Simpson）。100元鈔票上的是美國著名的政治家及科學家富蘭克林 (Benjamin Franklin)。

至於第四套的人民幣1角至10元紙幣上的人物頭像主要是中國少數民族。1角是高山族、滿族，2角是布儂族、朝鮮族，5角是苗族、壯族，1元是侗族、瑤族，2元是維吾爾族和彝族，5元是藏族、回族，10元是漢族、蒙古族。而第五套人民幣100元、50元、20元、10元、5元、1元上印的，都是前中國領導人毛澤東的頭像。

為甚麼使用隧道要付錢？

星期天，欣欣一家人去大埔三門仔吃海鮮，爸爸駕車使用**城門隧道** 進入沙田時，在隧道口繳付隧道費。為甚麼人們使用隧道要付錢呢？

人們使用隧道要付 **隧道費** ，是跟隧道的興建、營運、維修等有關。隧道是公共交通的一種配套設施，不但可讓駕駛人士以**最快捷的方法** 抵達目的地，還可以減輕某條公路的交通負擔。那麼興建隧道的費用由誰負責呢？政府決定興建隧道時，為了減少財政支出，通常都會透過**公開招標** 的形式，讓發展商參與興建隧道。由於興建隧道的**年期十分長**，同時成本非常**昂貴**，而隧道的營運成本（包括維修費等）高，回報時間較長，因此，發展商透過徵收隧道費來**維持隧道的日常營運開支** ，以及賺取利潤。

興建隧道的費用非常昂貴，例如**紅磡海底隧道**🚇於1969年9月1日動工，1972年8月2日通車，共耗資3.2億港元。又如**大老山隧道**🚇於1991年6月26日落成，全長3,900米，整個工程共耗資20億元。🏴**紐西蘭**計劃興建由奧克蘭通往北岸的海底隧道，預計耗費達30億紐元。

現時香港的隧道，如獅子山隧道、香港仔隧道、城門隧道、紅磡海底隧道等的收費各有不同，主要視乎**交通的流量**而定；各種交通車輛的收費也不相同，例如**私家車使用隧道的費用比公共交通工具貴**，這是因為私家車是奢侈品，會增加道路的負擔。

欣欣覺得基於「**用者自負**💰」的原則，使用隧道要付錢也很合理啊！

小智識：隧道之最

　　目前，日本青津海峽隧道是 **全世界最長的海底隧道**，全長約53,850公尺，於1988年完工。第二長的隧道是英法海底隧道，全長50,450公尺，於1994年完工。而挪威的洛達爾隧道則是 **全世界最長的公路隧道**，於2000年完工，長度為24,510公尺。

為甚麼颱風過後蔬菜會較貴？

外婆帶桐桐去 **街市** 買菜，桐桐聽到外婆對菜販説：「嘩，菜心比前天貴了一倍啊！」菜販無奈地説：「沒法子，每次颱風過後都是如此。」為甚麼颱風過後蔬菜會較貴？

颱風 過後蔬菜會較貴，是跟蔬菜的供應有關。由於現時香港可種菜的 **田地** 不多，新界蔬菜只佔全港蔬菜供應量的一小部分，而香港大部分蔬菜都來自中國。

通常，颱風來臨，在香港逗留一兩天後，可能會吹向中國大陸。颱風不但帶來大量 **雨水**，而且會影響貨物 **運輸**。一般來説，蔬菜生長會有一定的周期，如果中途遇上颱風，颱風帶來大量雨水，會導致菜田水浸，一些菜苗會被強風 **連根拔起**，這樣就無法如期生長，從而影響 **蔬菜** 的供應量。由於從外地入口的蔬菜數量少了，造成供應緊張，導致蔬菜價格大幅漲價。所以，通常颱風過後，菜價會較平時貴。

　　例如2018年的超強颱風「山竹」襲港前，已受另一個熱帶風暴「百里嘉」影響，令當時菜價**一升再升⬆**。「百里嘉」吹襲時，瓜菜比平日貴3至5成，緊接着「山竹」的威脅下，其批發價格更再升高30%。以**菜心🥬**為例，平日每斤6至7元，「百里嘉」時則升至每斤12至13元，「山竹」時**更升至每斤16至17元**。加上當時廣東地區的雨量較多，**害蟲🪲**亦隨之增加，導致瓜菜**質量下降⬇**，已經失收一半，在颱風之下，失收的數量就更多了。

　　一個颱風原來會對民生有各方面的影響！

小智識：颱風造成的經濟損失

　　2018年9月襲港的超強颱風「山竹」，是香港歷年**第2高**平均風速的颱風。在颱風期間，全港交通大癱瘓，**塌樹🌳**令巴士無法正常運作，影響市民上班，市場停擺，造成**嚴重的經濟損失**。預計香港合理的經濟損失約10億港元。而鄰近地區同樣損失慘重，**澳門** 統計暨普查局評估，「山竹」帶來的經濟損失為17.36億元。

Ⅳ 國家經濟
瞬息萬變的經濟走勢

甚麼是通貨膨脹？

桐桐跟外婆去街市買菜，她聽到外婆跟一個菜販説：「怎麼又加價了？！」接着，外婆嘆了一口氣説：「甚麼東西都加價，通脹真像一隻老虎啊！」甚麼是通脹呢？

「通脹」是通貨膨脹的簡稱，通貨膨脹是一種經濟現象。一般來説，由於 **紙幣** 發行量超過商品流通中的實際需要的貨幣量，就會出現紙幣貶值、**物價上漲** 的現象。

人們怎樣測量通貨膨脹的程度呢？**經濟學家** 通常會參考某地區的生活指數來衡量通脹的程度。一般來説，**生活指數** 包括消費者物價指數（CPI, Consumer Price Index）、生產者物價指數（PPI, Producer Price Index）、批發物價指數（Wholesale Price Index）、商品價格指數（Commodity Price Index）、**國內生產總值**（GDP）、

平減物價指數（GDP Deflator）和個人消費支出價格指數（PCEPI, Personal Consumption Expenditures Price Index）。

通貨膨脹最明顯的特徵是社會整體物價水平上升。例如一個菠蘿包的售價原本是2.5元，在通貨膨脹的日子，售價會是3.5元。這是因為製造麵包的材料，如麵粉加價了，商店為了 **保持利潤**💲，因而把產品的價格提高了。大家要有一個觀念，會加價的商品，不只是麵包，同時還有各種日常生活的 **必需品**👕，如大米、油、雞蛋、魚類、肉類、蔬菜、廁紙等等，這就是為甚麼桐桐的外婆看到蔬菜加價了會嘆氣，並說通脹像一隻 **大老虎** 🐅。

總的來說，通貨膨脹對社會各階層都有影響，但對低收入階層來說，通脹令他們原本緊拙的開支變得更緊拙，生活更加 **百上加斤**。在甚麼東西都貴的年代，人們會以減少經濟活動，如減少購物來對抗通脹。

桐桐覺得她也要減少買玩具來對抗通脹。

小智識：我們可以做甚麼來對抗通脹？

1. 購物前要衡量物品是否必需品，少買一些非必要的 *奢侈品*。

2. 遇上常用必需品，如食油、大米等進行 **特價展銷**，可多買一些，儲存家中。

3. 可多作 **投資**，如股票、基金、外幣等，讓財富增值。

經濟增長和我們有甚麼關係？

曉林見新聞上說：「中國3月份經濟增長無法達到預期，經濟增長再創新低。」聽不明白的曉林想：「經濟增長與我們有甚麼關係？」

我們先以吃豬肉來了解一下**經濟循環**吧！在沒有漲價的時候，每個人都可以吃上豬肉。可是當經濟出現通脹時，很多人買不起豬肉了，於是去**飯店**消費的人減少，即使去了飯店也不會再吃肉食的飯菜；這樣一來，豬肉的**訂單**就少了。而飯店由於減少了消費者，就開始降低員工的**工資**，或者減少人手，以減低成本。員工工資減少，或者失業後，減少了出去消費的次數，行業的淨收入便**漸漸縮減**，從而出現**經濟衰退**，或說「通縮」。

經濟增長對人民有甚麼好處呢？經濟增長率是國民經濟最重要的**指標**之一，經濟增長時人們的消費增多，企業的利潤和訂單也會增加，政府的稅收也增加，人們的就業機會也就增加。經濟增長意味着企業可以**賣出更多的產品**，農民養的豬也能盡快賣出，商家為了提供供不應求的貨物，就會產生新的**就業機會**。

早在中國的古代，商業經濟就在發展了，可那時候的**技術落後**，人民也沒有穩定的經濟來源，帶動不了消費，經濟的增長就緩慢，人民也比較窮。現在由於政府**重視人才培養**，科技得到很快的發展，企業數目的增多給人民帶來了就業的機會。人民富裕了，家中幾乎都是**現代化的設備**，如：我們出門都是**汽車**代步，在家中可以在**電視**上看到大千世界，人民過着豐衣足食的日子。這些都是經濟增長帶給我們的生活改善。

曉林得知了經濟的成長與衰退和我們有密切的關係。

小智識：中國現在面臨的經濟問題是甚麼？

經濟增長也給中國帶來了挑戰。經濟學家認為現在最突出的是兩個問題：資源短缺和環境惡化。一些基本的**自然資源短缺** ✗ 情況愈來愈嚴重，最近幾年因為我們的**需求量急劇增長⬆**，把全世界的價格都買上去了。而且，如石油資源的短缺就造成了我們的社會生活有嚴重的困難。環境的惡化不用多說了，水的污染、**空氣的污染**以及其他的污染的情況，使有些地方不能維持正常的生活條件，這種環境危機正在全國各地方**不斷地發生**。

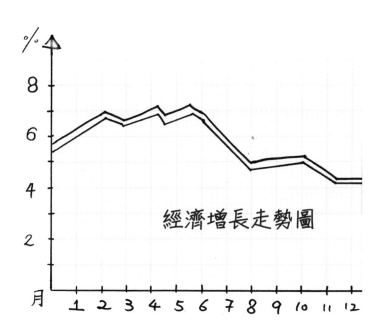

經濟增長走勢圖

中國是發展中國家嗎？

輝仔聽到兩個同學在爭辯中國是否**發展中國家**，其中一個同學説：「中國有能力辦奧運會，怎可能是發展中國家呢？」究竟中國是不是發展中國家？

輝仔的同學以舉辦**奧運**為理由，認為中國有足夠的人力、物力和財力舉辦奧運，證明中國不是發展中國家。其實這理由不足以説明中國不是發展中國家。事實上，能否舉辦奧運跟是否發展中國家是**沒有關係**的，而一個國家是發展中國家（developing countries），還是發達國家（developed countries）主要取決於它的**經濟發展**。

甚麼是發展中國家呢？發展中國家是與發達國家，如歐美、●日本等比較，在經濟上**相對落後**的國家。這些國家包括亞洲、非洲、拉丁美洲中等130多個國家，約佔**世界陸地面積**和總人口的70%以上。目前，中國雖然在經濟上處於高速增長，但跟歐美、日本等發達國家相比**仍有一段距離**，所以，中國仍然是發展中國家。

根據**世界銀行**公佈，人均國民生產總值(GNP)超過某一標準就被認定為「**高收入經濟體 $**」。以此作為參考，在2018年GNP超過12,355美元（約9.5萬港元）則訂為「高收入經濟體」。美國的GNP為6.3萬美元（約50萬港元）；**香港**為5萬美元（約38萬港元）；日本約為4萬美元（約31萬港元）；**韓國**為3萬美元（約23萬港元），均為「高收入經濟體」。而中國及**巴西**的GNP約為9千美元（約7萬港元）；**印度**為2千美元（約1萬

5千港元），可見發展中國家近年來發展迅速，不過地區之間仍存在着巨大的差異。

輝仔想：看來中國仍要努力才能躋身發達國家的行列。

小智識：哪些國家屬於發展中國家？

若參考國際貨幣基金組織（IMF）的分類，目前世界上主要的發展中國家，包括中國、**印度**、巴西、**俄羅斯**、非洲各國、亞洲（香港、澳門、台灣、南韓、**以色列**、塞浦路斯、日本和新加坡除外）、東歐、**拉丁美洲**(波多黎各除外)各國。其中巴西、俄羅斯、印度、南非和中國又被稱為「**金磚五國**」。

中國為何被稱為「世界工廠」？

小林在看《日本公害嚴重》的記錄片，反映七十年代日本的環境污染現象：到處是 **發黑的河流** ，空氣質量極差，隨處可見那些被 **工業** 污染致傷致殘的平民百姓。終於，日本富裕了。片中說：「世界工廠的接力棒再次交到了中國的手裏。中國成為了名副其實的 **世界工廠** 。」小林想：中國為甚麼會成為世界工廠呢？成為世界工廠有那麼大害處嗎？

中國現在被稱為「世界工廠」，以前的 **英國** 也曾經被這樣稱呼過。

在英國「世界工廠」的背後，是高度發達、**充滿活力**的資本主義工商業體系，相比較，今天的中國其實只是「世界加工廠」。無論是**傳統**還是現代製造業，中國與世界都還有着**巨大的差距**。正是由於這個差距，中國在**經濟全球化 $**中的分工，是處在利潤食物鏈中的最低層。

中國為甚麼會成為「世界加工廠」？18世紀英國在完成**工業革命**以後，**機器**大工業代替了手工工業的生產方式，大大提高了工業生產效率，向世界各地**輸出工業品**。可以説，英國是當時**名副其實**的世界工廠。那時僅佔世界人口2%左右的英國，一直掌控着全球工業生產的**二分之一**、世界貿易的四分之一。後來德國、**美國**、日本等國家先後興起，一度都被人稱為世界工廠。如今中國成為「世界工廠」是因為許多工業國的企業想賺取極高的盈利，都紛紛**遷廠到第三世界**國家。因為第三世界國家的人工勞力很便宜，勞工工作動力高。如：台商

近幾年來的大舉西進，正是因為 **中國人工** 便宜，勞工動力高，他們的舉遷造成了台灣 **失業率的上升**。

　　成為「世界工廠」的好處與壞處是甚麼？成為世界工廠有利也有弊。如今，世界75%以上的玩具是中國生產製造的，美國、歐洲超市上的日常生活用品，大部分也是來自中國。重化、塑料、**鋼鐵**、造紙等行業，也多在中國生產、製造。世界工廠使美國曾經走上了 **輝煌**，同時嚴重的污染也給美國帶來了 **巨大的災難**。看一看19世紀的美國，我們會發現今日的中國與其驚人地相似：**礦難** 頻繁、到處工廠林立、環境污染等。世界工廠同樣也給中國帶來了災難，有些很可能是毀滅性的災難！

　　小林感到了世界工廠其實給地球 帶來了很大的負擔！

小智識：為甚麼説中國還不是「世界工廠」？

為甚麼中國只是「世界加工廠」？世界工廠，就是為世界市場大規模提供工業品的**生產製造基地**。工業經濟專家認為，世界工廠要為世界市場大量提供出口產品，中國很多工業品產量雖然已經位居世界第一，但是大多數產品是**供國內消費**的，在出口比例上遠比不上其他國家。而且對比英國，可以發現當年英國是以自己的製造業，**源源不斷**地為世界提供各種商品，從**大型軍艦**到布匹雜貨都有。今天的中國在工業品出口結構上來看，工業技術還落後於其他國家，雖然的確是正在為全世界生產各種產品，但大部分是**來料加工**或是 **按照現成的圖紙和標準** 來大量生產，如美國名牌運動鞋就是一例。因此中國實際上是與其他國家**聯合生產**佔領國內市場，所以說中國還不是世界工廠。

甚麼是宏觀調控？

小茗在上網上論壇的時候，發現網友常提到「宏觀調控」，小茗想不通甚麼是「**宏觀調控** ⇄」？

宏觀調控是中國特有的詞，是**控制經濟**的意思。發達的國家多不用這個詞，基本上就是說貨幣政策和財政政策。宏觀調控的目的是甚麼呢？宏觀調控是國家為了保持國民經濟能**持續**、穩定、**健康**地發展，促進經濟結構的改進，引導*推動社會全面進步*而採取的經濟措施。

為甚麼中國政府可以調控經濟市場呢？中國能夠實行強而有力的宏觀調控，原因主要是以 **公有制** 決定了

社會各部門、各企業及勞動者利益上的一致，使國家可以**集中力量**做大事，如增加國家總收入及確保有足夠資源發展**科技**、國防等方面。這種模式被稱為「國有經濟」。

那麼中國通過甚麼手法來進行宏觀調控呢？主要是通過**法律手段**與經濟政策來進行的。法律上的手段如實施《土地法》、《環境保護法》等；行政手段如**土地的控制**、**控制信貸**和節能標準等。而在經濟政策方面，則主要是**貨幣政策**、財政政策了，如**調整稅率**、金融、財政補貼等。所以中國宏觀調控既包括了外國通常所用的貨幣政策、財政政策等經濟手段，還加上有法律手段以及**行政手段**。

小茗想：原來中國的宏觀調控政策對經濟發展有這麼多好處！

小智識：宏觀與微觀經濟

　　宏觀經濟是相對於微觀經濟而言的。所謂宏觀經濟就是指一定範圍的經濟總體及其總體運行情況，包括整個國民經濟總體、地區經濟總體、城市經濟總體、縣、區經濟總體以及鄉、鎮經濟總體等。

　　過去，中國在計劃經濟體制下，政企職責不分，國家直接插手經營企業，企業是國家的附屬物，全國實際就是一個大企業。在這種情況下就沒有宏觀經濟與微觀經濟的區別。在社會主義市場經濟體制下，企業成為自主經營、自負盈虧的主體，國家政府也不再直接插手企業經營，而是在市場調節基礎上負擔宏觀調控的職能。在這種情況下，中國國民經濟才真正形成了宏觀和微觀兩個層次。

V

全球視野
國際政經巨大的影響力

貧窮的國家為甚麼貧窮？

　　電視正在播放樂施會的節目，媽媽一邊看，一邊説：「生活在貧窮國家的人很可憐啊！」小靈問媽媽：「這些國家為甚麼會那麼貧窮呢？」

　　生活在貧窮國家的人民真的很可憐，他們三餐不得溫飽，甚至連清潔的食水也沒有，更不要説有錢買玩具和上學了。

　　導致這些國家貧窮的原因有很多，一些國家的**地理和氣候條件較差**，或缺乏適合的氣候來發展農業經濟，例如非洲的天氣非常炎熱，降雨量少，令到**土地乾旱**，不適宜種植。當地人民無法利用土地種植，**無法生產糧食**，又怎能填飽自己的肚子呢？另外，由於氣候、

地理環境等因素，使一些貧窮國家，如非洲等不為跨國公司所重視，**很少跨國企業在這些國家投資或開工廠**、**農場**等。

另外，這些國家政治局勢不穩定，經常發生**戰亂**。試問一個國家如果經常發生內戰，政府忙於應付「敵人」，哪有時間進行**國家規劃**？要建設國家，**和平穩定**是首要的條件。再者，要應付內戰，政府必須在**軍備**上花上龐大的金錢，而建設國家需要經費，政治不穩定的國家通常**沒有多少財政儲備**的。

此外，貧窮國家的**人口過多**，一方面是由於家庭文化因素，另一方面是政府沒有展開人口控制措施，**沒有推行性教育**，教導婦女控制生育的方法。另外，

由於缺乏有效的衛生政策，導致一些**傳染病**  廣泛傳播，例如愛滋病。在非洲，很多小孩子一出世就成為愛滋病帶菌者。

　　小靈覺得自己生活在香港真是幸運，她決定捐錢給樂施會，幫助貧窮國家的小朋友。

小智識：哪些國家是貧窮國家？

目前，世界上的貧窮國家多集中在非洲，以下是一些貧窮國家及其人均GDP的情形：

國家	人均 GDP(美元)
埃塞俄比亞	739
尼日利亞	260
布隆迪	287
剛果	499
尼日爾	412
尼泊爾	760
幾內亞比紹	624
莫三鼻給	434
乍得	1,081
馬達加斯加	382

資料來源：International Monetary Fund(IMF) World Economic Outlook Database, April 2016

全球油價為甚麼會不斷上落？

今天的新聞說全球的油價又上漲了！小俊就問：「媽媽，全球的油價為甚麼那麼**不穩定**？才幾天的時間油價就漲了兩次了！到底是誰在操控原油價格上漲？是甚麼影響着油價呢？」

油價上漲的原因是甚麼？按照市場的一般規律來看，隨着全球經濟增長的放緩，原油價格應該進入低價周期。可事實卻恰恰相反，國際油價**一路飆升**，從2013年的平均49美元一桶曾上漲到66美元一桶。這是為甚麼呢？專家認為導致近年來國際油價不斷上漲的主要原因是**大型銀行**、對沖基金和其他投機資金大量湧入**石油期貨市場**，使原油期貨成為一種**金融投機工具**。由於國際油價不斷上漲，總體上當然不利於世界經濟發展啦！

戰爭也會引發油價上漲嗎？是的，而且這是一個很重要的因素。一些石油國家因受到 **戰爭威脅**，因此石油的 **開採及生產** 均有障礙，如世界第四大產油國 **伊朗** 的核危機懸而未決，也正影響着國際油價。伊朗當局不止一次宣稱，如果遭到進攻，伊朗將予以報復。伊朗已公開展示自己國家的 **武裝力量**，伊朗海軍在連接波斯灣和 **印度洋** 的荷莫茲海峽進行了演習。如果開戰，德黑蘭費不了多大力氣就可以 **封鎖這一海峽**，從而阻止波斯灣所有石油的出口，屆時必定造成石油荒及油價 **突發上漲**。

另外，與戰爭有關的一系列事件同樣可引發油價上漲。如在盛產石油的尼日爾三角洲的尼日利亞，反政府武裝組織 **幾乎天天襲擊油田**，導致大約四分之一的油田無法正常開採，也是造成石油價格上漲的一定原因。

小俊呆了，原來造成油價上漲的原因是這麼嚴重！

小智識：石油危機小史

　　20世紀人類經歷了**三次石油危機**⚠️，每次危機從起因到後果都與世界的政治經濟緊密相關。第一次石油危機發生在1973、1974年間，引起了西方發達國家的**經濟衰退**，美國、歐洲及**日本**受到的影響最大。

　　第二次石油危機發生在1979年到80年代初。當時伊朗爆發**伊斯蘭革命**，之後伊朗和伊拉克開戰，原油日產量**銳減**⬇️，國際油市價格飆升。這次石油危機也引起了西方工業國的經濟衰退，美國GDP大約下降了3%。

　　第三次石油危機（1990年）因海灣危機而爆發，之後爆發了人類**第一次因為石油而發動的戰爭**。當時3個月內原油從每桶14美元，漲到突破40美元。但高油價**持續時間並不長**🕐，與前兩次石油危機相比，對世界經濟的影響要小得多。

　　人們對堪稱能源之首的石油的依賴依然嚴重，但是人們也已開始認真考慮找**石油的替代品**了。

華倫・巴菲特是誰？

今天，老師叫同學作文，題目是「我最想成為XXX」，瑞華一向仰慕華倫・巴菲特，他決定在文章裏寫出自己最想成為華倫・巴菲特。**華倫・巴菲特是誰**？他很厲害嗎？

瑞華最想成為華倫・巴菲特，真是很有**大志**啊！為甚麼呢？因為華倫・巴菲特（Warren Edward Buffett）曾經是世界上**最有錢**的人，2019年福布斯**全球富豪**排行榜中，華倫・巴菲特排在第三位！他不單是全球富豪，而且也是一位成功人士和**慈善家**。

華倫・艾德華・巴菲特生於1930年8月30日，是美國著名的投資專家、企業家和慈善家。他憑着智慧，以價值投資法為原則，通過**股票投資**積累了龐大的財富。根據估計，巴菲特目前的財富達**825億美元**，較十年前上升了**幾百億**呢。

2006年6月，巴菲特決定將一部分資產 **捐獻** 給慈善機構。他將 **捐出85%的資產**，即約374億美元（約2,900億港元）予五個慈善基金，其中83%，約307億美元（約2,400億港元）的捐款是捐給蓋茨夫婦名下的「比爾及梅林達·蓋茨基金會」（Billand Melinda Gates Foundation）。 另外，他捐出31億美元（約241億港元）予他的亡妻蘇珊（Susan Thompson Buffett）的慈善基金，他的三名子女名下的三個 **慈善基金** 也分別獲得11億美元（約86億港元）善款。這筆捐款會以他的投資公司──旗艦巴郡（Berkshire Hathaway）的股票形式捐出。巴菲特這筆 **巨額** 的慈善捐贈，可說是創下了美國 **有史以來** 的捐款紀錄。

為善不甘後人的巴菲特說：「**做我想做的事，我覺得很有趣，很享受呢。**」能這樣享受做善事的樂趣，難怪他成為很多人的偶像。

瑞華立志以巴菲特為 **榜樣**，希望自己能像他一樣成功。

小智識：甚麼是價值投資法？

價值投資法 （Value Investing）是一種投資原則，指投資者買入那些被低估了的公司的股票，這些公司股票的**內在價值** （intrinsic value）未能充分反映在股價之上，但隨着**時間的推移** ，它的內在價值必定會反映在股價之上。

價值投資法由美國著名經濟學家格雷厄姆（Benjamin Graham）創立，他被稱為「價值投資法之父」。而華倫・巴菲特是他的學生，他把價值投資法**發揚光大**。華倫・巴菲特選擇公司股票時，會考慮四件事情：(1)我們是否明白這家企業？(2)這家企業是否有長線的持續的**競爭**優勢？(3)這家企業的**管理人員**是否值得尊敬和信賴？(4)**股價**是否有吸引力？

是甚麼原因引發了經濟危機？

小明在書中看到這樣一句話：第二次世界大戰後，**資本主義國家**💰連續發生了數次的經濟危機。直到目前美國有7次、日本7次、法國5次、英國7次……小明見到這些驚人的數字，在想：是甚麼原因引發了這些國家的經濟危機呢？

何時會出現**經濟危機**呢？當國民經濟或整個世界的經濟在一段比較長的時間內沒有產生足夠的**消費價值**💵，導致**負經濟增長率**📉時，危機便出現了，這也就是生產能力過剩的危機。在資本主義經濟發展過程中，會**周期性**🔄地爆發生產過剩的危機。自1825年英國第一次爆發經濟危機後，資本主義經濟從未擺脫過經濟危機的威脅。

經濟危機的爆發存在一定的規律，如被動的經濟危機是指國家的宏觀經濟在準備不足的情況下，出現的嚴重衰退或**大幅度的貨幣貶值⬇**，從而引發金融危機，進而演化成經濟危機。這種情況下，幣值**很難**在危機之後再回升。因此若港元因與美元掛鈎而引致貶值，金管局也**不會貿然脫鈎**及自行升值，所顧及的就是經濟體系**長遠的穩定**。主動型危機是指採取了政策來干涉市場的結果，如中國的宏觀調控就是了。危機的產生完全在管理當局的**預料之中**，危機或經濟衰退可以視作為**改革的機會成本**。

經濟危機的主要特徵是生產過剩。因此，在經濟危機爆發時，一方面資本家的貨物**堆積如山**，賣不出去；另一方面，廣大勞動群眾卻處於**失業或半失業狀態**，因購買力下降而不能解決必須的**生活基本需要**。

發生經濟危機的原因有很多種，如國家經濟政策的 **錯誤✗**、原材料的緊張，尤其是原油的危機、**自然災害** 等都能引發一個國家，甚至牽連全世界的經濟危機。而經濟危機給人民帶來的後果可包括 **動亂甚至政變**，嚴重的可以引發戰爭甚至世界大戰等。

那麼如何知道經濟危機出現了呢？香港在1997年後的 **亞洲金融風暴** 中便出現過以下情況：**商品滯銷**、利潤減少，導致生產（主要是工業生產）總值 **急劇下降▼**、失業人士激增、企業開工不足甚至 **大批倒閉**（當時酒樓及飲食業受到的影響最大）；社會經濟陷入 **癱瘓**、混亂和倒退狀態，繼而出現通貨膨脹、物價飛漲的反常現象。而銀行方面則因投資者缺乏而致銀根緊缺，貸款利率上升，**信用卡壞帳** 大幅累積，最後導致 **小銀行** 或企業倒閉等。

小明明白了：「原來經濟危機這麼可怕啊！」

小智識：經濟危機交錯發生的規律

經濟危機原來是會**交錯發生**的，而且是由同期經濟危機與非同期經濟危機互相交錯發生。第二次世界大戰前的經濟危機在各個主要資本主義國家裏趨向於**同時爆發**，所以叫做同期經濟危機。自1847年爆發了第一次世界性的經濟危機以後，1857年、1866年、1873年、1882年、1890年、1900年、1907年、1920年、1929年、1937年爆發的經濟危機，歐美各主要資本主義國家都**一齊捲入**。

第二次世界大戰後，只有1957至1958年、1973至1975年、1980至1982年的危機是世界同期經濟危機，其他各次**危機**則是非同期或部分同期的經濟危機。例如亞洲金融風暴就是部分同期發生的了。

甚麼是「金融海嘯」?

　　小倫知道海嘯的威力很大,是有強大破壞力的海浪,可以吞噬城市,殺死很多人,例如2004年12月26日的南亞海嘯就襲擊了多個國家,造成30餘萬人喪生。但「金融海嘯」是甚麼意思呢?

　　「金融海嘯」會蒸發很多財富。2008年時,環球股市大幅下跌成災,人們普遍對銀行和金融產品**失去信心**,甚至有國家瀕臨**破產**的邊緣。由於金融危機是有**傳染性**的,而且也是**一浪接一浪**地衝擊各地區,像海嘯一樣從金融業擴散到實體經濟和各行各業,造成**經濟衰退**的嚴重後果,所以我們以「金融海嘯」來形容2008年的惡劣經濟局面。

　　金融海嘯的直接起因之一是2007年夏季開始引發的美國「**次級按揭**」（次按）問題。「次按」是指在樓價上升的**周期**中，有些美國人雖然不夠錢買樓，但金融機構仍**借錢給買樓者**，幫他們做按揭，再將按揭資產包裝成金融產品（即「次按」）賣給世界各地的投資者。這些金融產品的**風險其實很高**，當樓價和供樓者收入下跌時，很容易出現**斷供**的情況，使借錢給他的金融機構和投資在「**次按**」的投資者蒙受損失。由於很多國家和地區的金融機構都有投資在「次按」產品，於是美國樓價下跌時容易引起**連鎖反應**，導致全球股災。

　　「次按」其實是一種「**金融衍生產品**」，是由房地產按揭「衍生」出來的金融產品。在金融業中，還有各種各樣其他的衍生產品，例如由**股票**「衍生」出來的期貨產品也是其中之一。由於槓桿效應的作用，金融衍

生產品的投資風險都比較高，但其影響力也非常大。「次按」和過多衍生產品的出現和泛濫暴露了政府對衍生工具**監管不足**🔍的問題，一出事就導致投資者對各類金融衍生產品都失去信心，給金融行業以**致命的打擊**🥊，令不少大型金融機構倒閉或被政府接管。而倖存的金融機構或銀行為求自保，就**收緊借貸**，令企業因資金不足無法運作，將金融業的困境延續到各行各業，最後導致經濟步入**收縮周期**🔄。

　　小倫知道金融海嘯和海嘯的分別了：海嘯是天災，金融海嘯可以說是**人禍**。

小智識：甚麼是「次按風暴」？

　　「次按風暴」即次級房屋信貸危機，又稱為**次級房貸風暴**。起因是美國金融機構在樓價上升周期中大量批出**樓宇**按揭，放貸給信用品質較差和收入較低的**借款人**，協助原本沒有置業能力的買家供樓，這些就是次級房屋信貸。金融機構願意將錢借給**沒有優良信用記錄**的借款人，是因為次貸利率通常遠高於優惠貸款利率，回報較高，當然風險也較大，因為信用記錄差的人很容易斷供。為分散風險，美國金融機構就將這些次級房屋信貸，包裝成金融衍生產品，售予**世界各地的投資者**，所以當美國樓價和借款人收入下跌時，美國以外很多地區的投資者和金融機構都受到**牽連**，刮起了「次按風暴」。

小學生及兒童圖書系列

小理財大經濟——小學生的趣致財務智慧

作者：李雪熒、謝燕舞
頁數：104頁全彩
書價：HK$68、NT$290

高小學生英文寫作 Get Set Go！

頁數：160頁
書價：HK$88、NT$350

小學生學 Grammar——圖解教程和練習（句子文法）

作者：李雪熒
頁數：112頁
書價：HK$88、NT$350

小學生學 Grammar——圖解教程和練習（詞語文法）

作者：李雪熒
頁數：112頁
書價：HK$88、NT$350

小學生學速成倉頡——教程與練習（全新修訂版）

作者：王曉影
頁數：104頁
書價：HK$88、NT$350

骰樂無窮——小學生骰仔學數學

作者：鄭永健
頁數：168頁全彩
書價：HK$118、NT$450

他們的童畫世界

作者：Andyan Pang(彭彭老師)
頁數：144頁全彩
書價：HK$98、NT$390

飛飛做夢遊世界

作者：Andyan Pang(彭彭老師)
頁數：128頁全彩
書價：HK$98、NT$390

我的第一本經典英文 100 童詩（修訂版）

作者：王曉影、李雪熒、葉芷瑩
頁數：208頁
書價：HK$88、NT$390

激發兒童大腦潛能──動物摺紙

作者：Annie Lam姐姐
頁數：112頁
書價：HK$88、NT$350

九型人格教子心法 (修訂版)

作者：彭文、單一明
頁數：232頁
書價：HK$98、NT$390

新奇好看親子故事──50 個反思成就孩子

作者：單一明、李雪熒
頁數：104頁
書價：HK$78、NT$350

《小財商大視野——孩子自主的理財經濟學》

編著：李雪熒、謝燕舞
版面設計：李美儀
封面設計：麥碧心
責任編輯：高家華
插圖：謝燕舞

出版：跨版生活圖書出版
地址：荃灣沙咀道11-19號達貿中心211室
電話：31535574　　傳真：31627223
專頁：http://www.facebook.com/crossborderbook
網頁：http://www.crossborderbook.net
電郵：crossborderbook@yahoo.com.hk

發行：泛華發行代理有限公司
地址：香港新界將軍澳工業邨駿昌街7號星島新聞集團大廈
電話：2798 2220　　傳真：2796 5471
網頁：http://www.gccd.com.hk
電郵：gccd@singtaonewscorp.com

台灣總經銷：永盈出版行銷有限公司
地址：231新北市新店區中正路499號4樓
電話：(02)2218 0701　　傳真：(02)2218 0704

印刷：鴻基印刷有限公司

出版日期：2020年7月第1次印刷
定價：港幣六十八元　新台幣二百九十元
ISBN：978-988-78897-8-6

出版社法律顧問：勞潔儀律師行

讀者意見調查表（七五折購書）

　　為使我們的出版物能更切合您的需要，請填寫以下簡單7題問卷（可以影印），交回問卷的讀者可以七五折郵購本社出版的圖書，**郵費及手續費全免** (只限香港地區)。

請在以下相應的□內打「✓」：

性別：□男　□女

年齡：□18歲以下　□18-28歲　□29-35歲　□36-45歲　□46-60歲　□60歲以上

學歷：□碩士或以上　　□大學或大專　　□中學　　□初中或以下

職業：_____

一年內買書次數：1次或以下□　　2-5次□　　6次或以上□

1. 您在哪裏購得本書《小財商大視野——孩子自主的理財經濟學》：

　□書店　□郵購　□便利店　□贈送　　□書展　　□其他_____

2. 您選購本書的原因（可多選）：

　□價錢合理　□印刷精美　□內容豐富　□封面吸引　□題材合用　□資料更新

　□其他_____

3. 您認為本書：□非常好　□良好　□一般　□不好

4. 您認為本書是否有需要改善？

　□沒有　　□頁數(過多/過少)　□其他_____

5. 您對跨版生活圖書出版社的認識程度：□熟悉　　□略有所聞　□從沒聽過

6. 請建議本社出版的題材：_____

7. 其他意見和建議(如有的請填寫)：_____

七五折購書表格

請選購以下圖書：（全部75折）

□《骰樂無窮——小學生骰仔學數學》　　　　　　（原價：HK$118 折實HK$88.5）____ 本

□《小理財大經濟——小學生趣致財務智慧》　　　（原價：HK$68 折實HK$51）____ 本

□《激發兒童大腦潛能——動物摺紙》　　　　　　（原價：HK$88 折實$66）____ 本

□《小學生學Grammar——圖解教程和練習(詞語文法)》（原價：HK$88 折實$66）____ 本

□《小學生學Grammar——圖解教程和練習(句子文法)》（原價：HK$88 折實$66）____ 本

□《　　　　　　　》　　　　　　　　　　　　　　　　　　　　____ 元　____ 本

共選購_____本，總數（HK$）：_____

（其他可選圖書見背頁，詳情請瀏覽：http://www.crossborderbook.net）

（訂購查詢可致電：3153 5574）

本社根據以下地址寄送郵購圖書（只接受香港讀者）：

姓名：_____　　　　聯繫電話#：_____

電郵：_____

地址：_____

#聯絡電話必須填寫，以便本社確認收件地址無誤，如因無法聯絡而郵寄失誤，本社恕不負責。

請把問卷傳真至31627223或寄至「荃灣郵政局郵政信箱1274號 跨版生活圖書出版有限公司收」。

* 購書方法：請把表格剪下，連同存款收據/ 劃線支票（不接受期票）郵寄至「荃灣郵政局郵政信箱1274號 跨版生活圖書出版有限公司收」。或把表格及存款收據傳真至31627223（只限銀行存款方式付款）。收到表格及款項後本社將於五個工作天內將圖書以平郵寄出。

* 付款方式：

(1)請將款項存入本社於匯豐銀行戶口：033-874298-838

(2)支票抬頭請寫：「跨版生活圖書出版」或「Cross Border Publishing Company」。

*此問卷結果只供出版社內部用途，所有個人資料保密，並於使用後銷毀。

（影印本有效）

新界荃灣郵政局
郵政信箱1274號
「跨版生活圖書出版有限公司」收

圖書目錄